Page 18
LA TERRE,
LA BELLE BLEUE
L'HOMME
EXPLORE L'ESPACE
Page 26
Page 22
LA LUNE,
NOTRE VOISINE

Ronde des saisons, phases de la Lune, course des étoiles, tu vas découvrir dans ce livre que le ciel a toujours influencé notre vie quotidienne. Il nous a d'abord fait rêver et poussés à comprendre comment le Soleil pouvait apparaître et disparaître, pourquoi les planètes se déplaçaient dans le ciel...
Puis, nous nous sommes lancés dans la conquête spatiale et rien n'a plus jamais été pareil.

DE L'ESPACE DANS LES BIBERONS

Grâce aux satellites envoyés en orbite par les fusées, nous avons pu découvrir notre planète sous un nouvel angle. Les images extraordinaires qu'ils ont ramenées nous ont permis de réaliser combien la Terre était belle et fragile. Et combien il était important d'en prendre soin.
Nous avons aussi étudié d'autres astres, en envoyant des spationautes et des sondes se poser sur leur sol. Les recherches menées par les savants pour ces expéditions ont donné naissance à de nouvelles inventions que tu rencontres tous les jours, comme le thermomètre laser, l'oreillette sans fil, les véhicules solaires ou encore les chips qui ne font pas de miettes et le lait en poudre des bébés.

ET DEMAIN ?

En cinquante ans, l'aventure de l'homme dans l'espace a changé le cours de l'histoire de l'humanité. Imagine alors ce que nous réservent les cinquante prochaines années de découverte... Bientôt des spationautes fouleront le sol martien tandis que d'autres continueront leurs recherches à bord du laboratoire géant qu'est la Station spatiale internationale. L'aventure continue et tu en feras peut-être partie, aux commandes d'une navette spatiale ou lors de vacances sur la Lune !

L'ATLAS DES 5-8 ANS

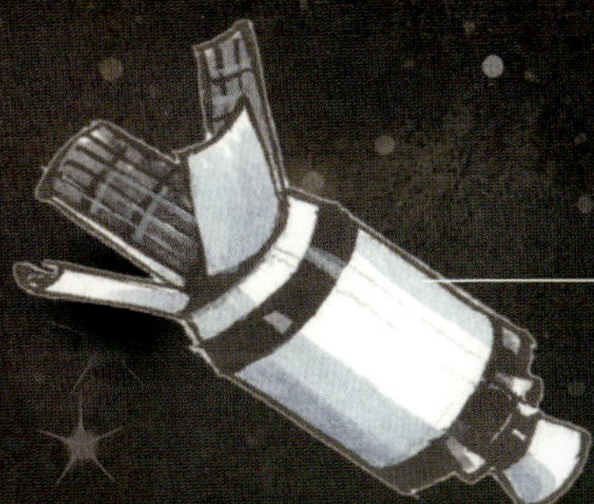

LE CIEL ET LA TERRE

Auteur Natacha Scheidhauer

CLÉ DE LECTURE

Les illustrateurs ont volontairement faussé les rapports d'échelle pour permettre une vision plus riche et plus globale.

Bon voyage interplanétaire...

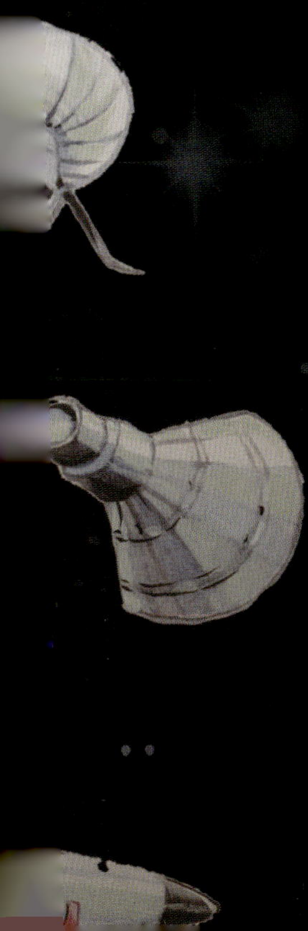

BIENVENUE DANS L'UNIVERS

La Terre te paraît immense ? Par rapport aux petits Terriens que nous sommes, elle l'est, en effet ! Mais c'est seulement une toute petite pièce d'un puzzle gigantesque. Car notre planète appartient au système solaire qui lui-même fait partie d'un plus grand ensemble appelé Univers.

Il y a 14 milliards d'années, un événement extraordinaire a lieu dans l'espace : une sorte d'explosion donne naissance à l'Univers. Les savants la nomment « **Big Bang** » en raison de sa formidable puissance.

Petit à petit, la matière libérée par le Big Bang se rassemble et **les étoiles, les planètes puis les astéroïdes** apparaissent. Un peu comme une soupe dans laquelle se formeraient des grumeaux de différentes tailles... Aujourd'hui, l'Univers continue à s'étendre et, chaque jour, les scientifiques qui étudient l'espace en apprennent un peu plus.

Boule, spirale, tourbillon... les étoiles sont regroupées en « paquets » de formes différentes appelés **galaxies**. Il en existe des milliards dans le ciel. Dans notre galaxie, appelée la Voie lactée, évolue une étoile que tu connais bien : le Soleil.

Géantes, petites, avec ou sans anneaux : dans l'Univers, on trouve **d'autres planètes** que la Terre. Leur point commun ? Elles tournent toutes sur elles-mêmes et autour de leur étoile, comme le fait la Terre avec le Soleil.

Dans le système solaire, les débris qui n'ont pas réussi à se rassembler pour former des planètes tournent ensemble autour du Soleil, dessinant plusieurs anneaux. Le premier, situé entre les planètes Mars et Jupiter, rassemble les **astéroïdes**. Au-delà de Neptune, deux autres anneaux regroupent aussi des astéroïdes. Mais comme ils sont très éloignés du Soleil, ceux-ci sont recouverts de glace. On les appelle les comètes.

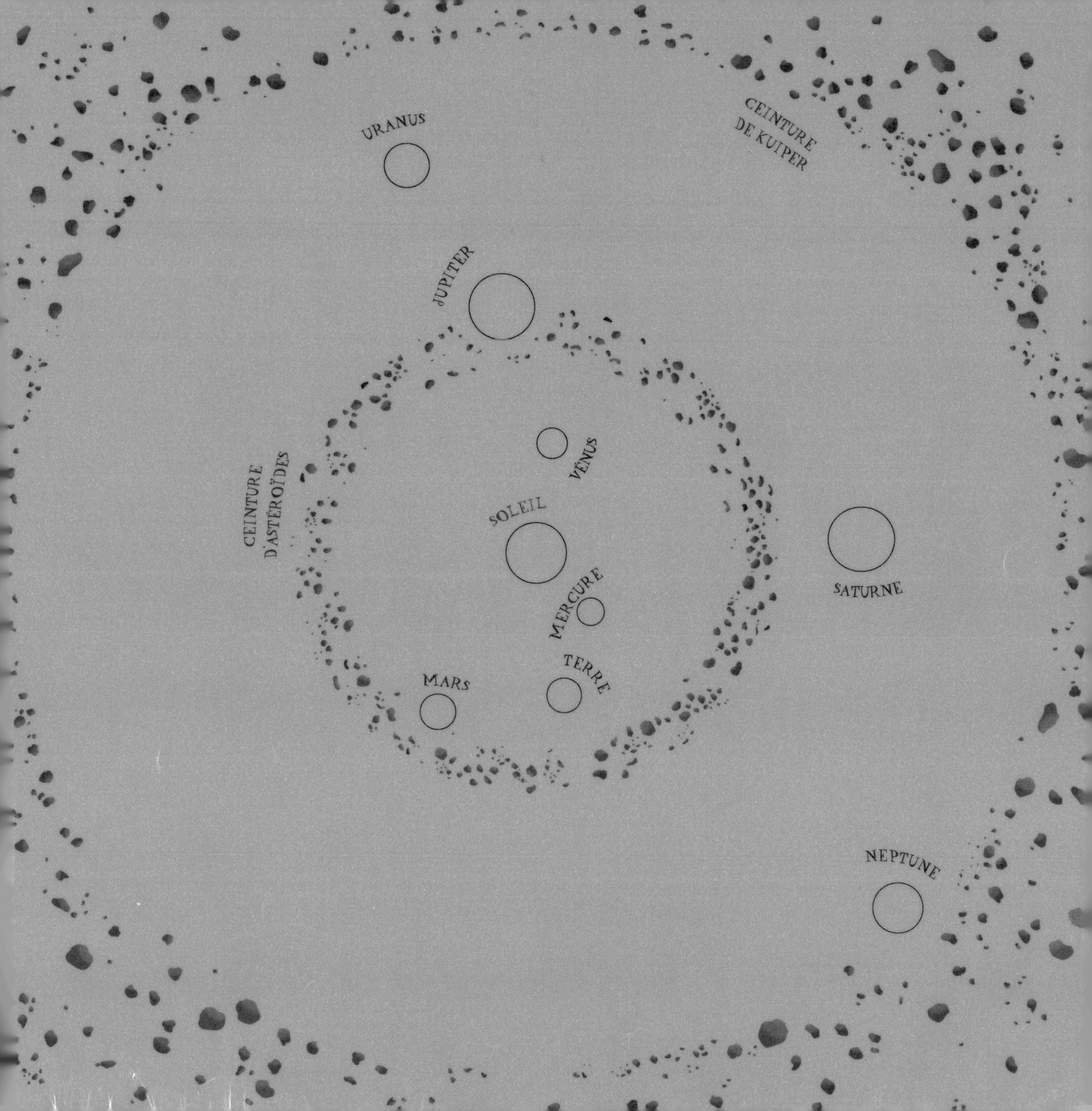
URANUS
CEINTURE
DE KUIPER
JUPITER
CEINTURE
D'ASTÉROÏDES
VÉNUS
SOLEIL
SATURNE
MERCURE
TERRE
MARS
NEPTUNE

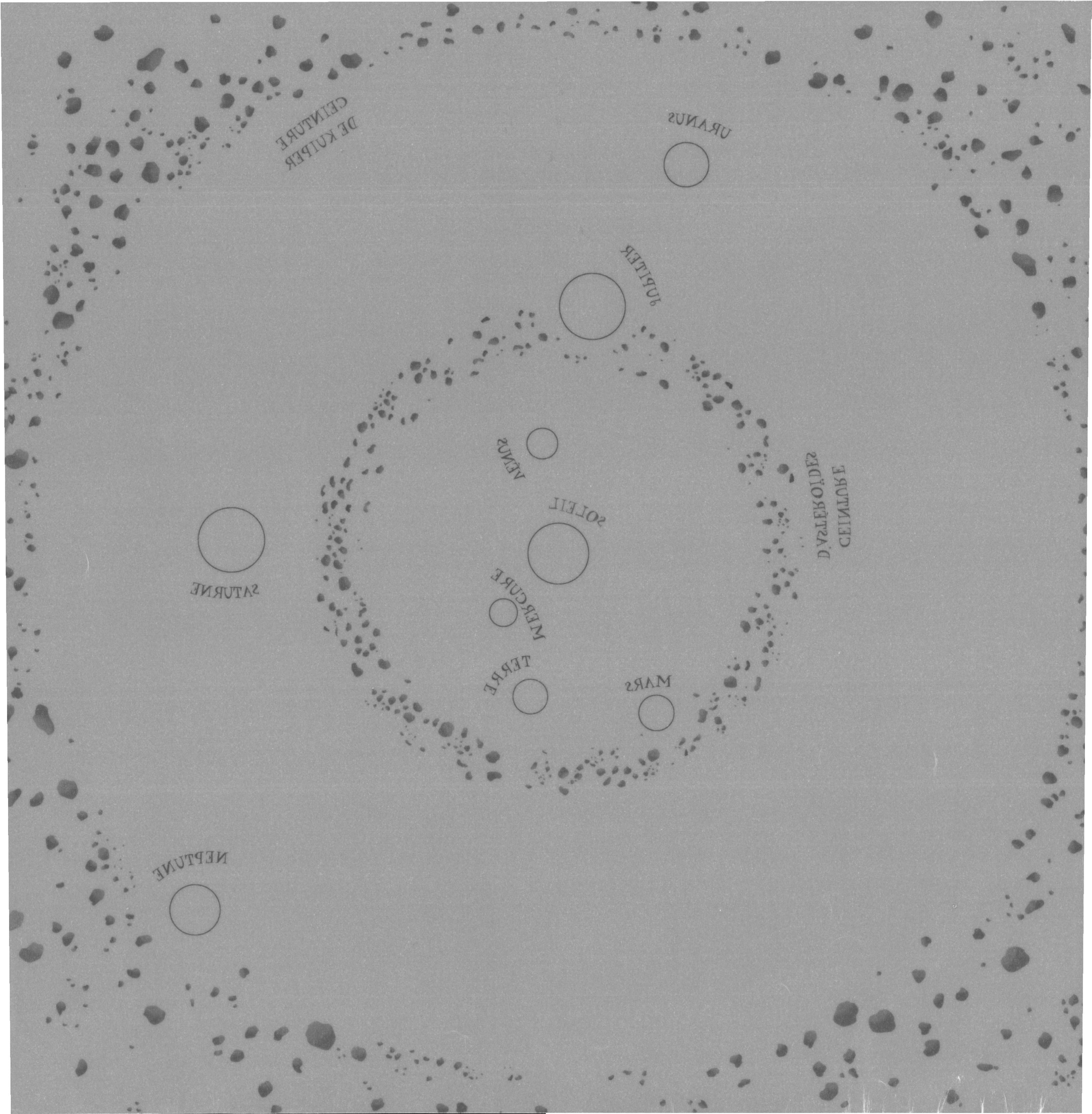
CEINTURE DE KUIPER
URANUS
JUPITER
VÉNUS
SOLEIL
CEINTURE D'ASTÉROÏDES
SATURNE
MERCURE
TERRE
MARS
NEPTUNE

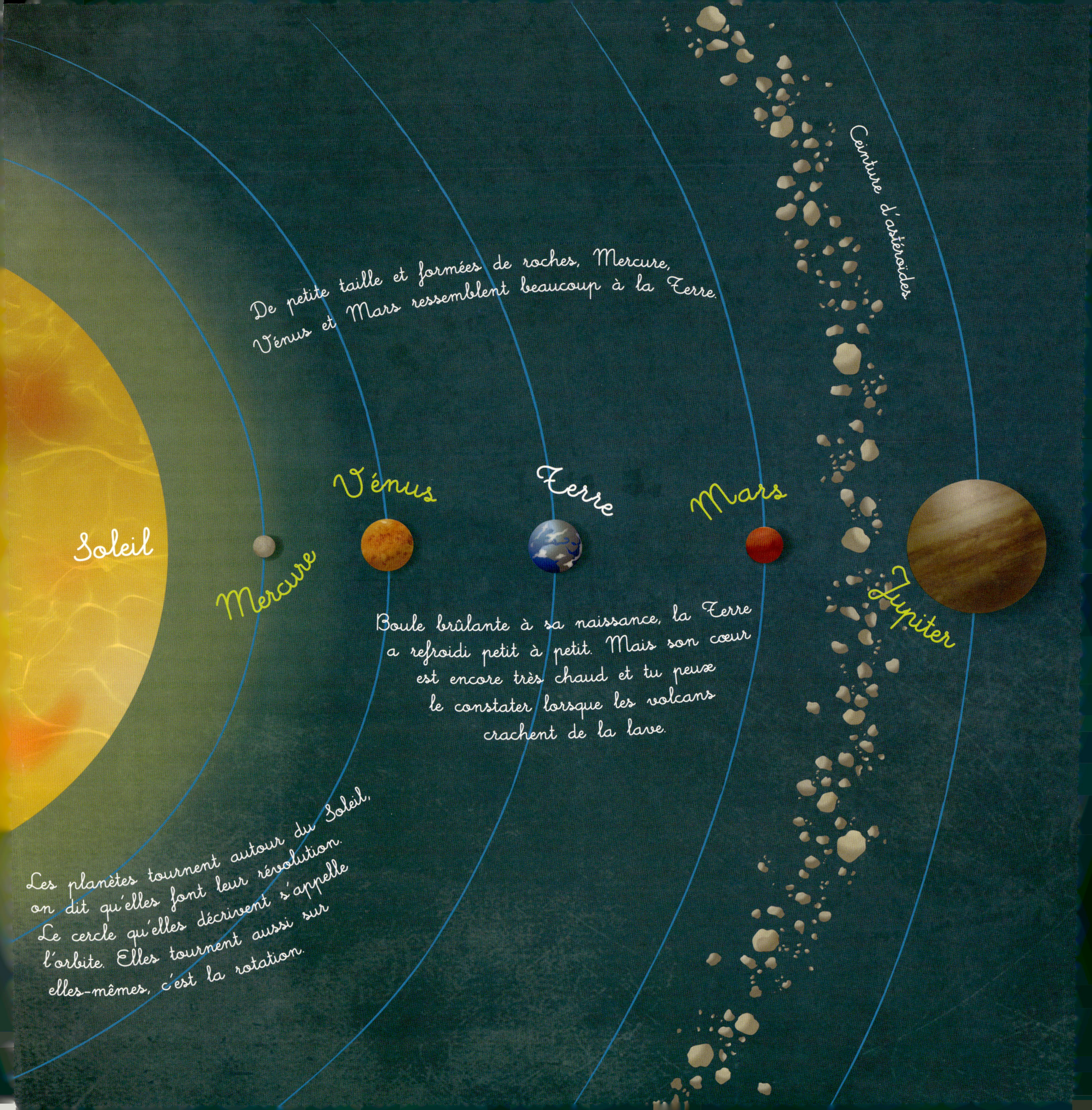

De petite taille et formées de roches, Mercure, Vénus et Mars ressemblent beaucoup à la Terre.

Boule brûlante à sa naissance, la Terre a refroidi petit à petit. Mais son cœur est encore très chaud et tu peux le constater lorsque les volcans crachent de la lave.

Les planètes tournent autour du Soleil, on dit qu'elles font leur révolution. Le cercle qu'elles décrivent s'appelle l'orbite. Elles tournent aussi sur elles-mêmes, c'est la rotation.

QUAND LE SOLEIL MÈNE LA DANSE

Après s'être formé, le Soleil a attiré auprès de lui toute la matière qu'il n'avait pas utilisée. Depuis, des millions d'objets de toute taille tournent autour de lui et c'est pourquoi on parle de « système solaire ». Parmi ces objets, la Terre et ses sept sœurs.

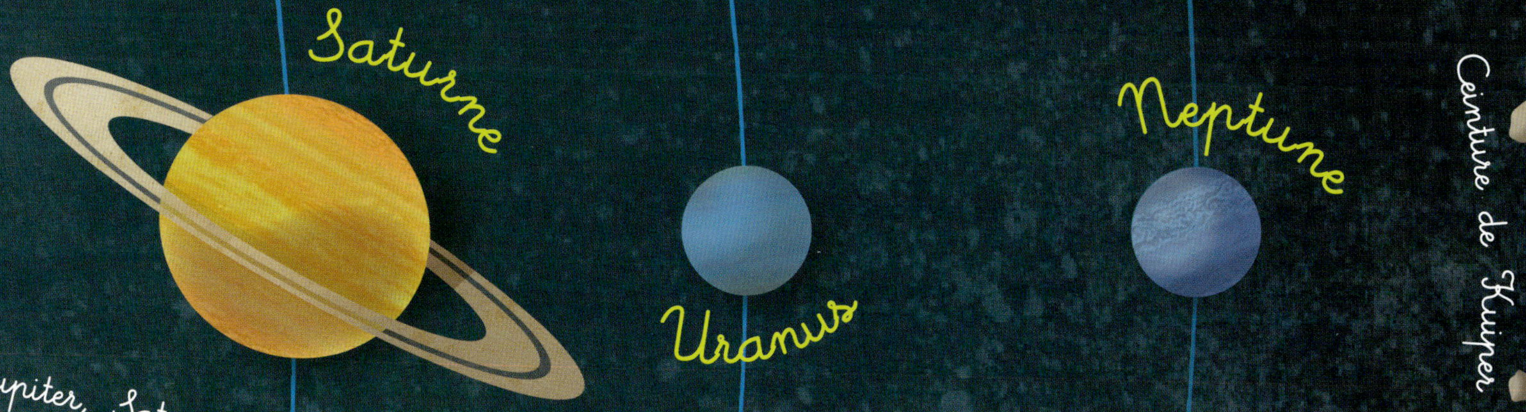

Jupiter, Saturne, Uranus et Neptune seraient plutôt des cousines de notre planète : elles sont plus grosses et constituées de gaz.

Souvent, des astéroïdes de petite taille traversent l'atmosphère et percutent la Terre sans faire de dégâts. Parfois, cela provoque des catastrophes : il y a 65 millions d'années, un énorme astéroïde a heurté la Terre. Il serait en partie responsable de la disparition des dinosaures.

LES ÉTOILES, STARS DE L'UNIVERS

Elles sont toujours présentes mais on ne les voit à l'œil nu que la nuit, quand elles éclairent le ciel de points scintillants. Toutes celles que tu aperçois en levant la tête appartiennent à notre galaxie : la Voie lactée.

Une étoile est une **boule de gaz** qui contient une énergie très puissante et produit sa propre lumière. Elles sont des centaines de milliards et leur couleur varie selon leur température : rouge pour les chaudes, jaune pour les « très chaudes » et bleu pour les « très très chaudes ».

Les étoiles ne restent pas au-dessus de nos têtes pour toujours. Elles naissent et grandissent jusqu'à devenir des géantes. Puis, elles **explosent** ou se transforment en un nuage qui donnera à son tour naissance à d'autres étoiles. Mais tu ne peux pas t'en rendre compte car cela prend des milliards d'années.

Dans l'Univers, des étoiles sont regroupées en une sorte de grand **nuage lumineux** tandis que d'autres sont éparpillées dans le ciel. Certaines étoiles évoluent aussi par deux, on les appelle les étoiles doubles.

C'est au cœur d'immenses nuages de gaz et de poussière, appelés **nébuleuses**, que naissent les étoiles. Jaunes, roses, vertes, de formes très variées : aucune nébuleuse ne ressemble à une autre.

On ne peut voir les étoiles que la **nuit** car la lumière du Soleil est plus puissante et les « éteint » durant le jour. C'est la même chose quand la Lune est très brillante ou avec les nombreuses lumières de la ville.

En reliant les étoiles avec un crayon imaginaire, tu peux dessiner des formes dans le ciel : ce sont les **constellations**. Casserole, ourse, cafetière... les hommes leur ont donné des noms selon ce qu'elles représentent. Observe-les et tu découvriras qu'on ne voit pas les mêmes selon la saison : c'est normal puisque la Terre se déplace dans le ciel lors de sa ronde autour du Soleil.

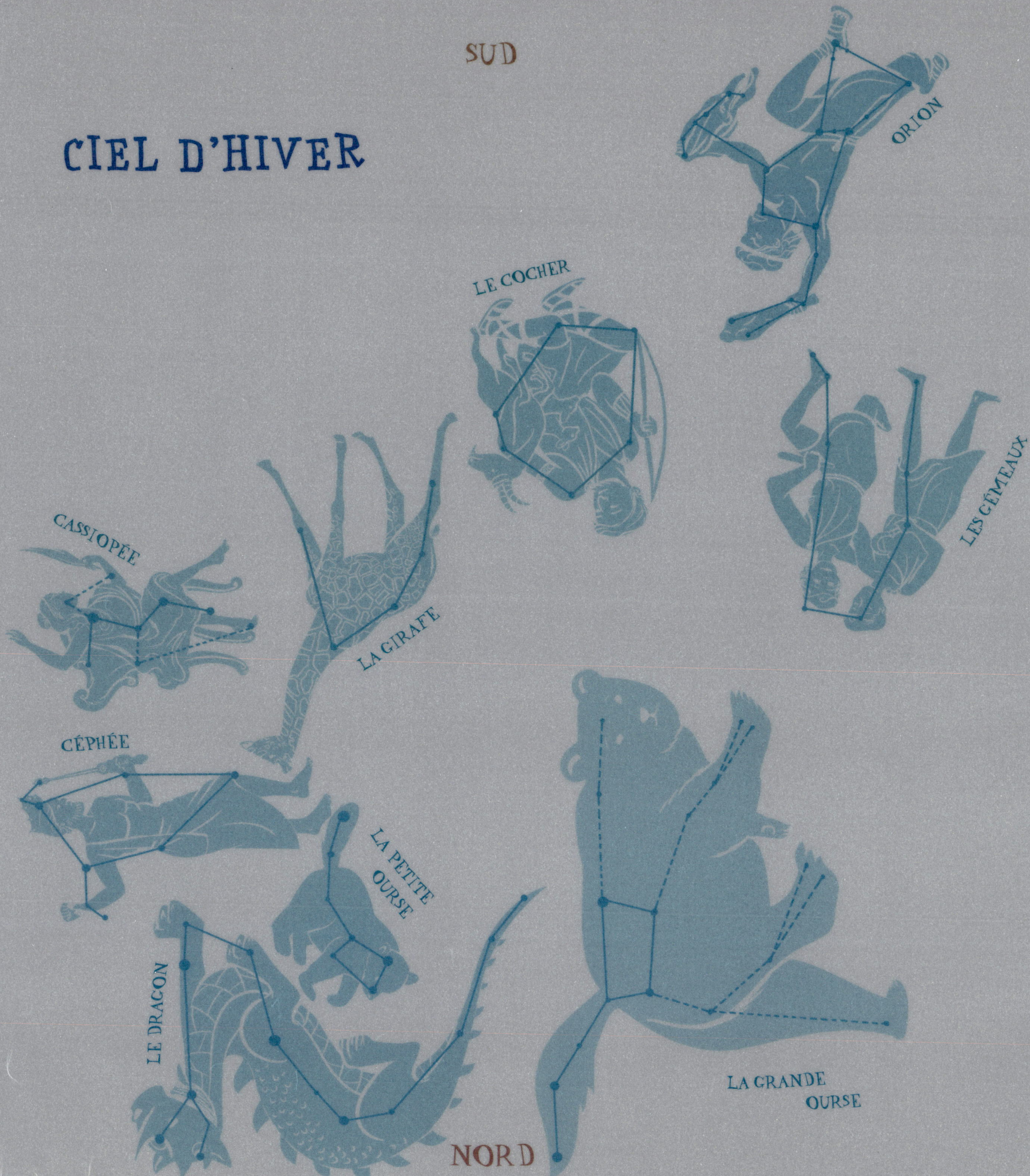

SUD
CIEL D'HIVER
ORION
LE COCHER
LES GÉMEAUX
CASSIOPÉE
LA GIRAFE
CÉPHÉE
LA PETITE OURSE
LE DRAGON
LA GRANDE OURSE
NORD

CIEL D'HIVER

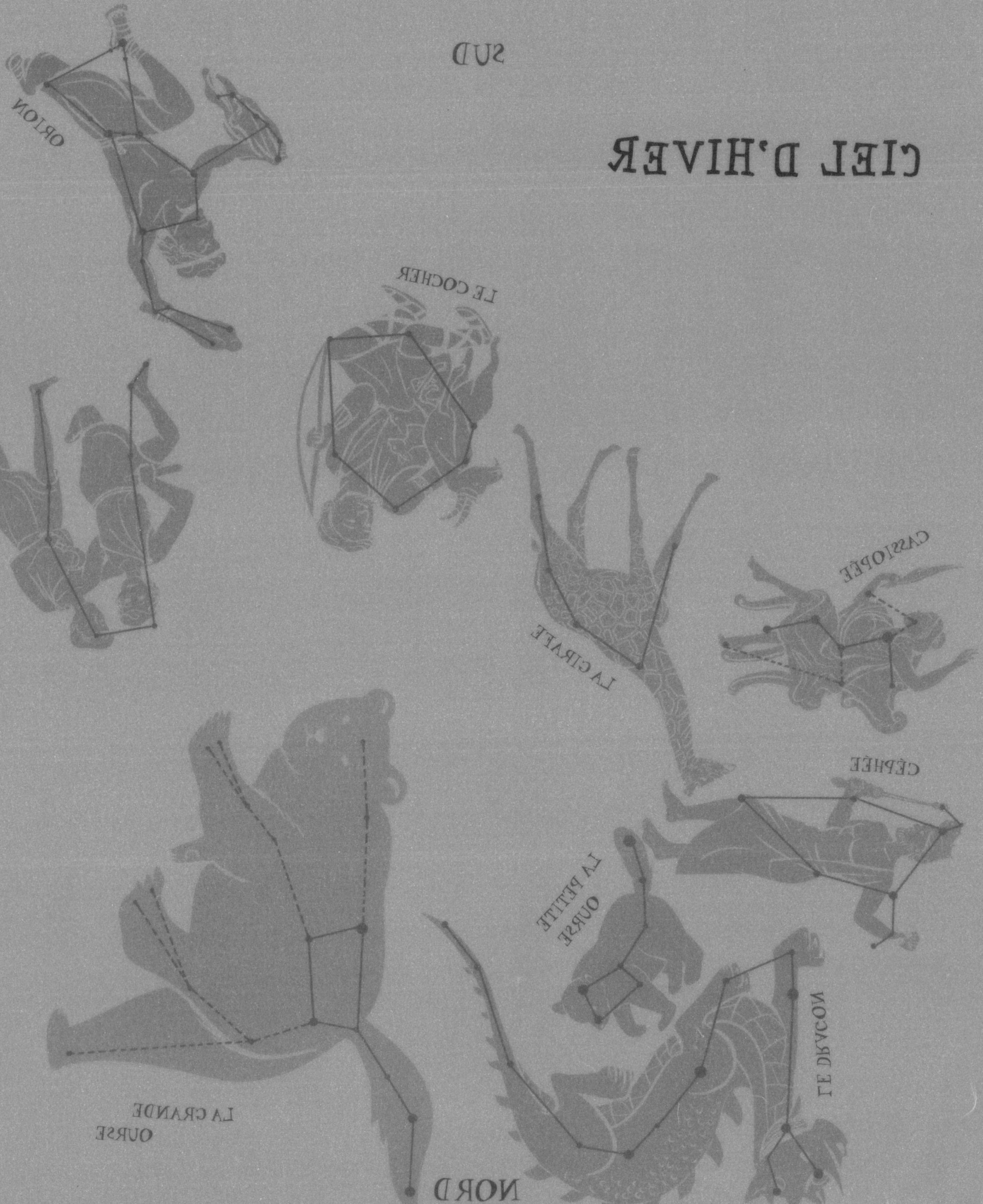
SUD
ORION
LE COCHER
LES GÉMEAUX
LA GIRAFE
CASSIOPÉE
CÉPHÉE
LA PETITE OURSE
LA GRANDE OURSE
LE DRAGON
NORD

L'étoile Polaire

PAR UNE BELLE NUIT D'ÉTÉ

L'été est le moment idéal pour observer les étoiles. Choisis un lieu sans éclairage et à l'horizon bien dégagé. Puis commence par repérer les « objets » du ciel les plus faciles : l'étoile Polaire et les constellations de la Grande Ourse et de la Petite Ourse.

Les premiers astronomes connaissaient une cinquantaine de constellations. Aujourd'hui, nous pouvons en étudier une centaine. La plupart des nouvelles connues sont situées dans l'hémisphère Sud : normal, les explorateurs ne s'y sont pas aventurés avant le Moyen Âge.

Il te faut une lumière discrète mais assez forte pour pouvoir lire ta carte du ciel. L'astuce ? Peindre l'ampoule de ta lampe de poche avec du vernis rouge.

Les étoiles filantes traversent souvent le ciel « en pluie ». Leur passage régulier, début août, a donné naissance à la grande fête de l'astronomie : la Nuit des étoiles.

LE SOLEIL, NOTRE BONNE ÉTOILE

Il y a des milliards d'étoiles dans le ciel. Le Soleil est l'une d'entre elles. Ni plus grande, ni plus petite que les autres, cette étoile est cependant à l'origine d'un phénomène exceptionnel : l'apparition de la vie sur Terre.

L'été, lorsqu'il fait 40 °C sur Terre, on transpire à grosses gouttes. Mais ce n'est rien comparé à la **température** qui règne sur le Soleil : 6 000 °C à la surface ! Sans l'énergie de cette boule de gaz, notre planète serait un caillou glacé où aucune vie ne serait possible. Grâce à ses précieux rayons, le Soleil nous éclaire, nous réchauffe et fait pousser les plantes.

Une partie de l'énergie du Soleil voyage dans l'espace sous forme de petites poussières portées par les vents. Parfois, d'énormes **bulles de gaz** explosent à la surface du Soleil. Elles dégagent alors tellement de poussière que cela peut perturber les satellites et les téléphones ou provoquer des coupures d'électricité sur Terre.

Lorsque la poussière solaire, poussée par les vents les plus forts, arrive au-dessus des pôles, elle colore le ciel de jaune-vert ou même de rouge : ce sont les **aurores polaires.**

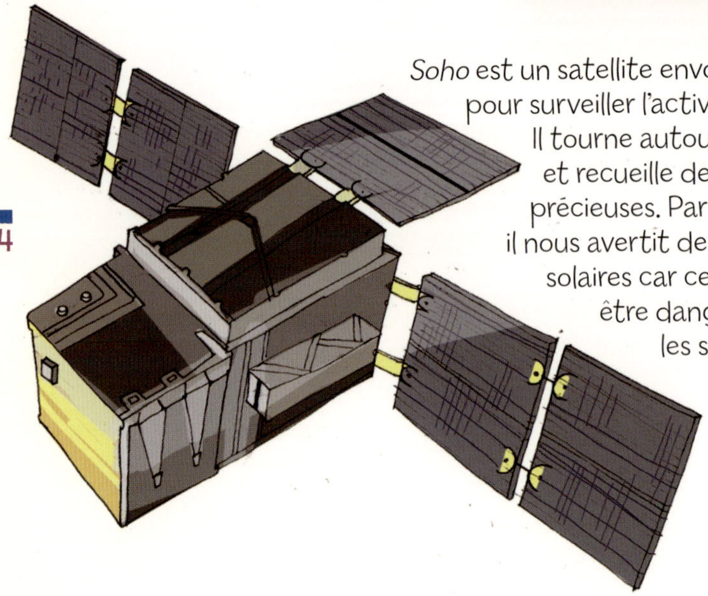

Soho est un satellite envoyé dans l'espace pour surveiller l'activité du Soleil. Il tourne autour de lui et recueille des **informations** précieuses. Par exemple, il nous avertit des éruptions solaires car celles-ci peuvent être dangereuses pour les spationautes et les satellites.

En faisant sa ronde autour de la Terre, la Lune passe régulièrement entre notre planète et le Soleil. Elle le cache alors à une partie des Terriens, qui se retrouvent dans l'ombre. Ce phénomène arrive tous les deux ou trois ans et s'appelle une **éclipse**. Mais, attention, même si le Soleil devient noir, pas question de le regarder sans protection au risque de gravement te brûler les yeux.

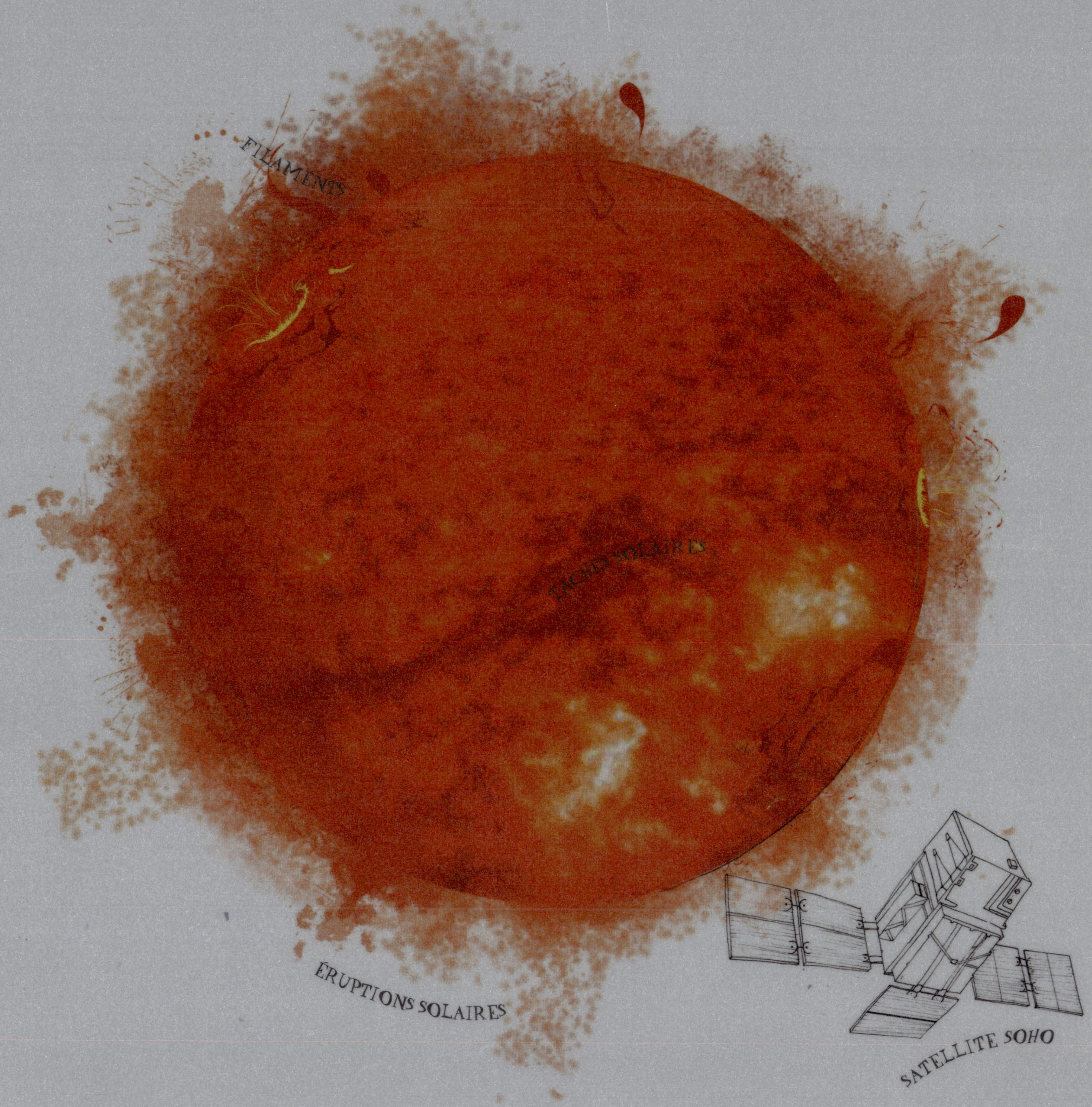
FILAMENTS
TACHES SOLAIRES
ÉRUPTIONS SOLAIRES
SATELLITE SOHO

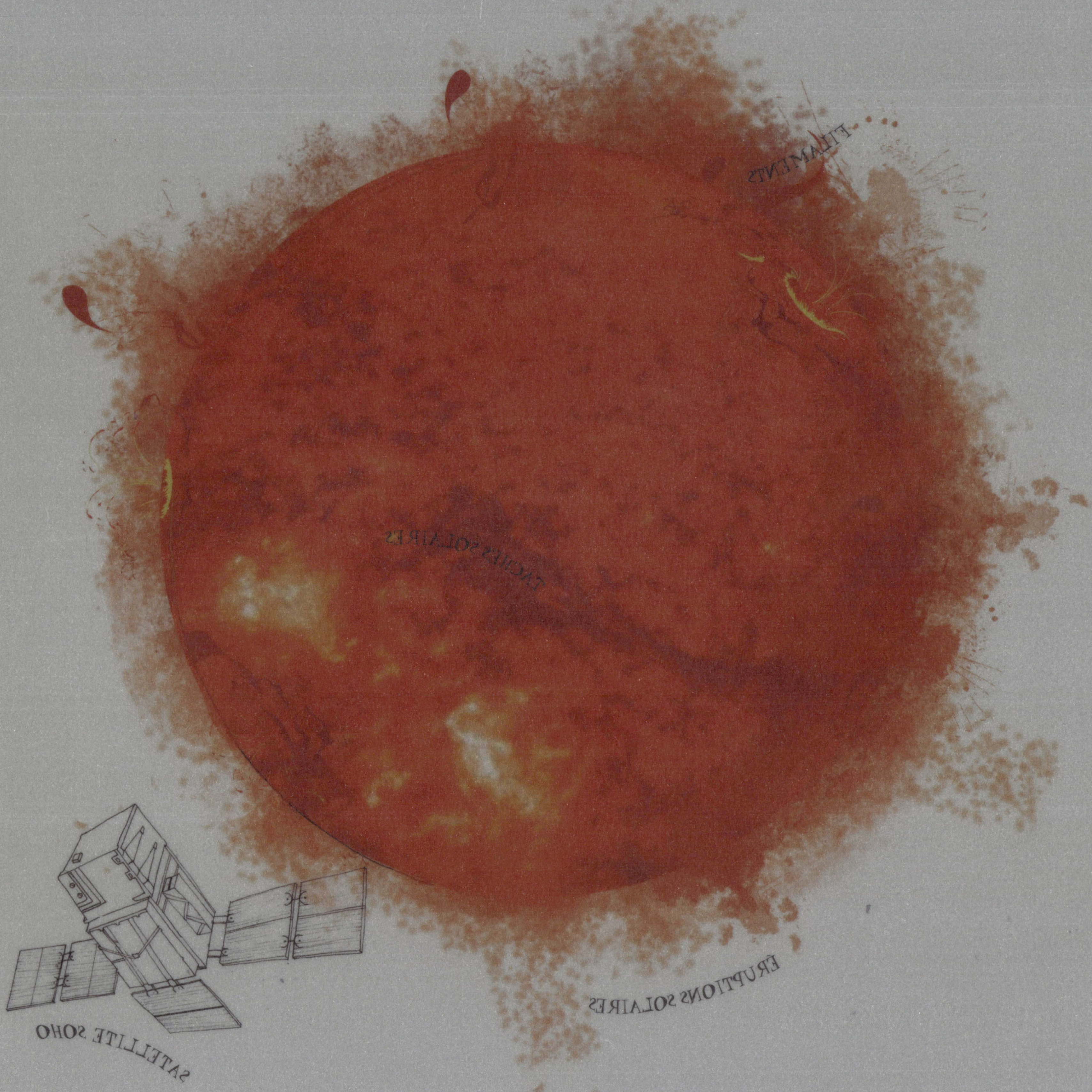

FILAMENTS
TACHES SOLAIRES
ÉRUPTIONS SOLAIRES
SATELLITE SOHO

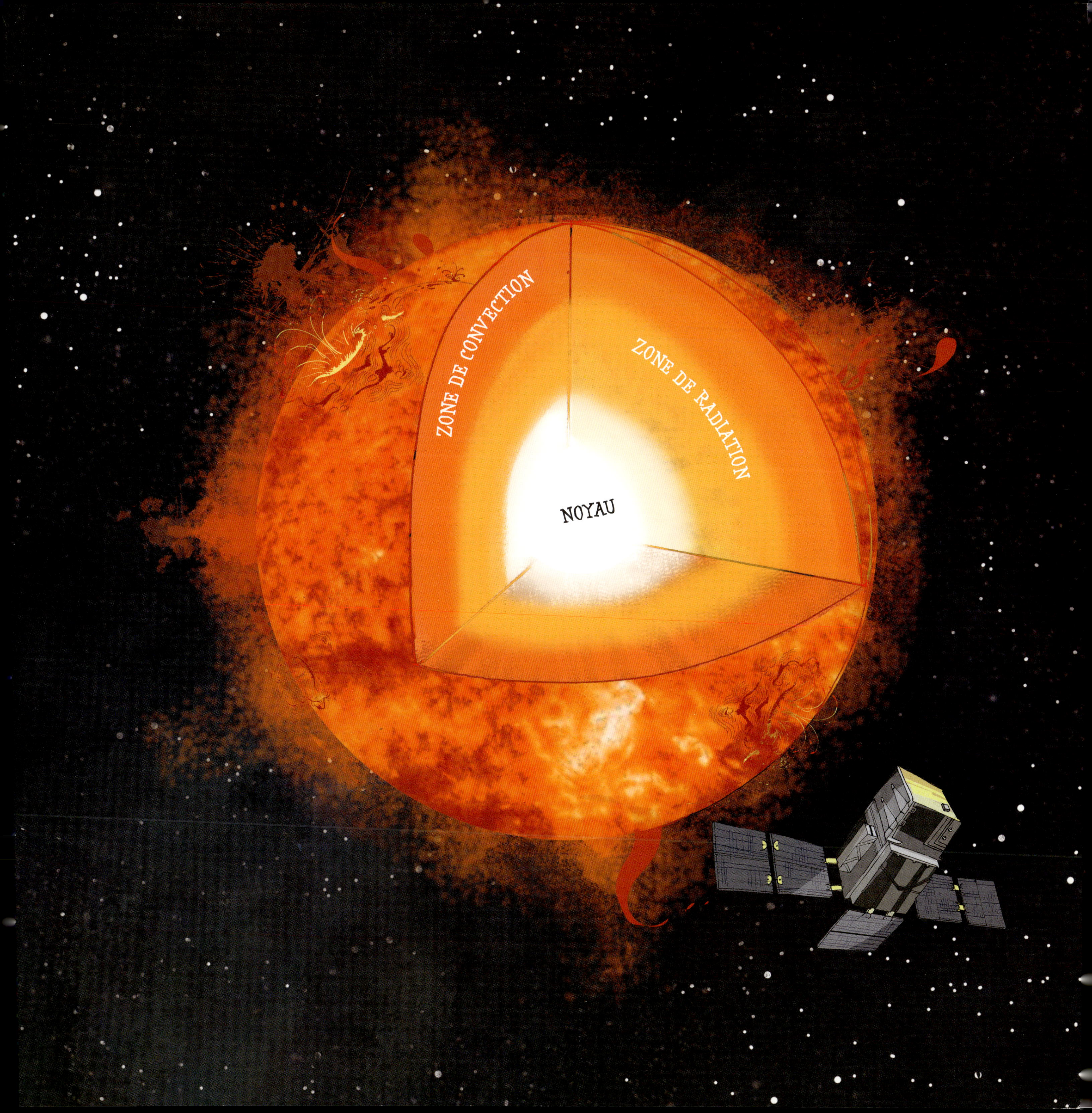
ZONE DE CONVECTION
ZONE DE RADIATION
NOYAU

LA RONDE DES SAISONS

La Terre tourne autour du Soleil, mais elle est un peu inclinée. Ainsi, selon sa position, certaines parties sont, à tour de rôle, plus ou moins exposées au Soleil. Lorsque la moitié nord reçoit une quantité importante de chaleur : c'est l'été au Nord et l'hiver au Sud. Et six mois plus tard, c'est l'inverse.

L'hiver, les rayons du Soleil nous atteignent de biais. Sa course dans le ciel est aussi plus rapide : les jours sont plus courts.

La lumière et la température évoluent suivant les saisons. Le cycle de vie des fleurs et des plantes aussi : bourgeons au printemps ou en été, feuilles mortes en automne, branches nues en hiver...

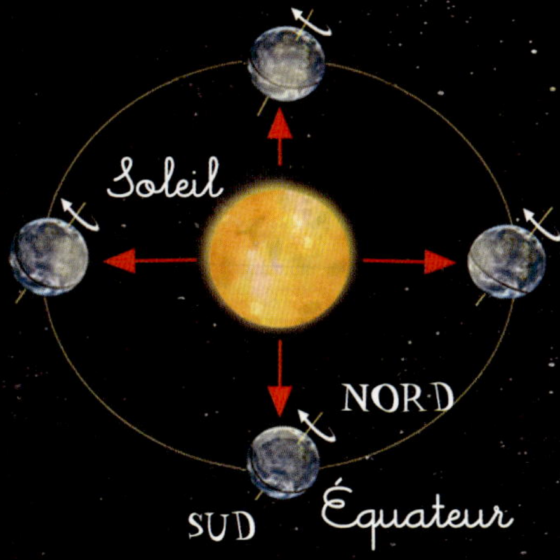

Chaud à l'équateur, froid aux pôles

L'équateur se présente toujours de la même façon par rapport au Soleil. Il y fait toujours chaud car les rayons solaires le frappent toute l'année à la verticale. Plus on se déplace vers les pôles, moins la chaleur des rayons se ressent.

L'été, le Soleil est haut dans le ciel. On sent sa chaleur sur notre peau et le jour dure plus longtemps.

LA TERRE, LA BELLE BLEUE

Il fait très chaud sur les planètes situées près du Soleil, et très froid sur celles qui en sont éloignées ! La Terre, elle, a la chance d'être placée à une distance idéale. Ainsi, c'est la seule planète habitable du système solaire. Et peut-être même de l'Univers...

Sous sa croûte, la Terre possède un cœur de roche entouré par une couche de lave en fusion, comme celle des **volcans**. À l'origine, ceux-ci crachaient beaucoup de lave et il régnait une température épouvantable sur Terre. Mais les volcans se sont calmés et leur vapeur s'est transformée en pluie, donnant naissance aux océans. De l'eau serait aussi venue des nombreux astéroïdes qui bombardaient la Terre à sa naissance et qui contenaient de la glace.

Une température agréable, de l'eau... la Terre avait tout pour que la **vie** apparaisse. Tout a commencé sous la forme de petites bêtes microscopiques dans les océans car l'air n'était pas encore respirable. Puis, des poissons, des plantes et les premières bêtes terrestres (dont les dinosaures) sont apparus. L'homme est arrivé bien plus tard.

La Terre agit sur nous comme un aimant : nous sommes attirés au sol par une force nommée « **gravité** ». C'est elle qui nous fait sentir le poids de notre corps et des objets, une sensation qu'on appelle « pesanteur ». Dans les vaisseaux spatiaux, cette sensation disparaît presque totalement et les spationautes se sentent tout légers. Ils doivent s'accrocher pour ne pas s'envoler ! On dit qu'ils sont en « micropesanteur ».

Depuis la découverte du savant Ératosthène, un Grec du IIIe siècle av. J.-C., les hommes savent que la Terre est ronde. Mais ils la croyaient au centre de la ronde des autres planètes. Il a fallu attendre 1610 pour qu'un astronome italien, **Galilée**, découvre qu'elle n'est en fait qu'une planète parmi d'autres, orbitant autour du Soleil.

Si un jour tu deviens spationaute, tu pourras t'envoler pour voir la Terre de loin. Ainsi, tu t'apercevras qu'elle est toute bleue à cause de la couche protectrice de gaz qui l'entoure, **l'atmosphère**. La Lune, par exemple, ne possède pas un tel manteau protecteur : le ciel y est tout le temps noir.

Boulons d'acier, morceaux de fusées usagées, vieux panneaux solaires... À côté des nombreux satellites envoyés par l'homme en **orbite**, des millions de détritus tournent autour de la Terre. Ces débris sont dangereux car, en plus de polluer l'espace, ils causent des dégâts importants lorsqu'ils percutent un satellite ou un vaisseau spatial.

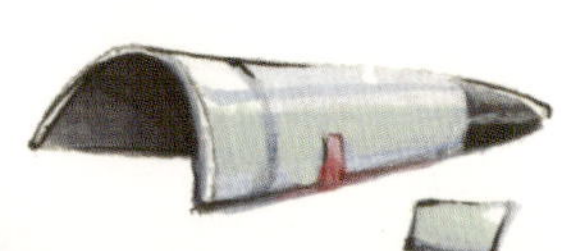

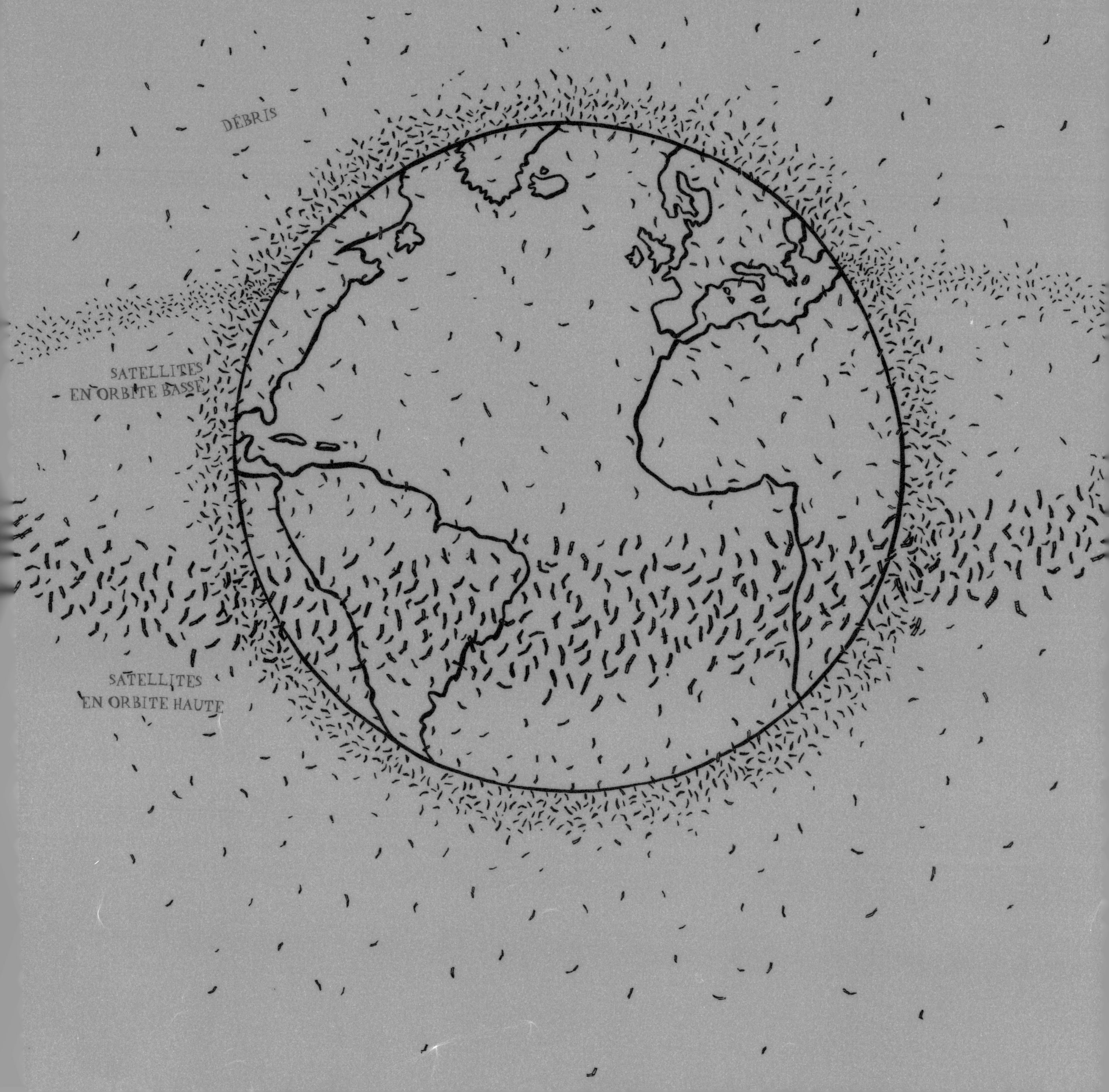
DÉBRIS
SATELLITES
EN ORBITE BASSE
SATELLITES
EN ORBITE HAUTE

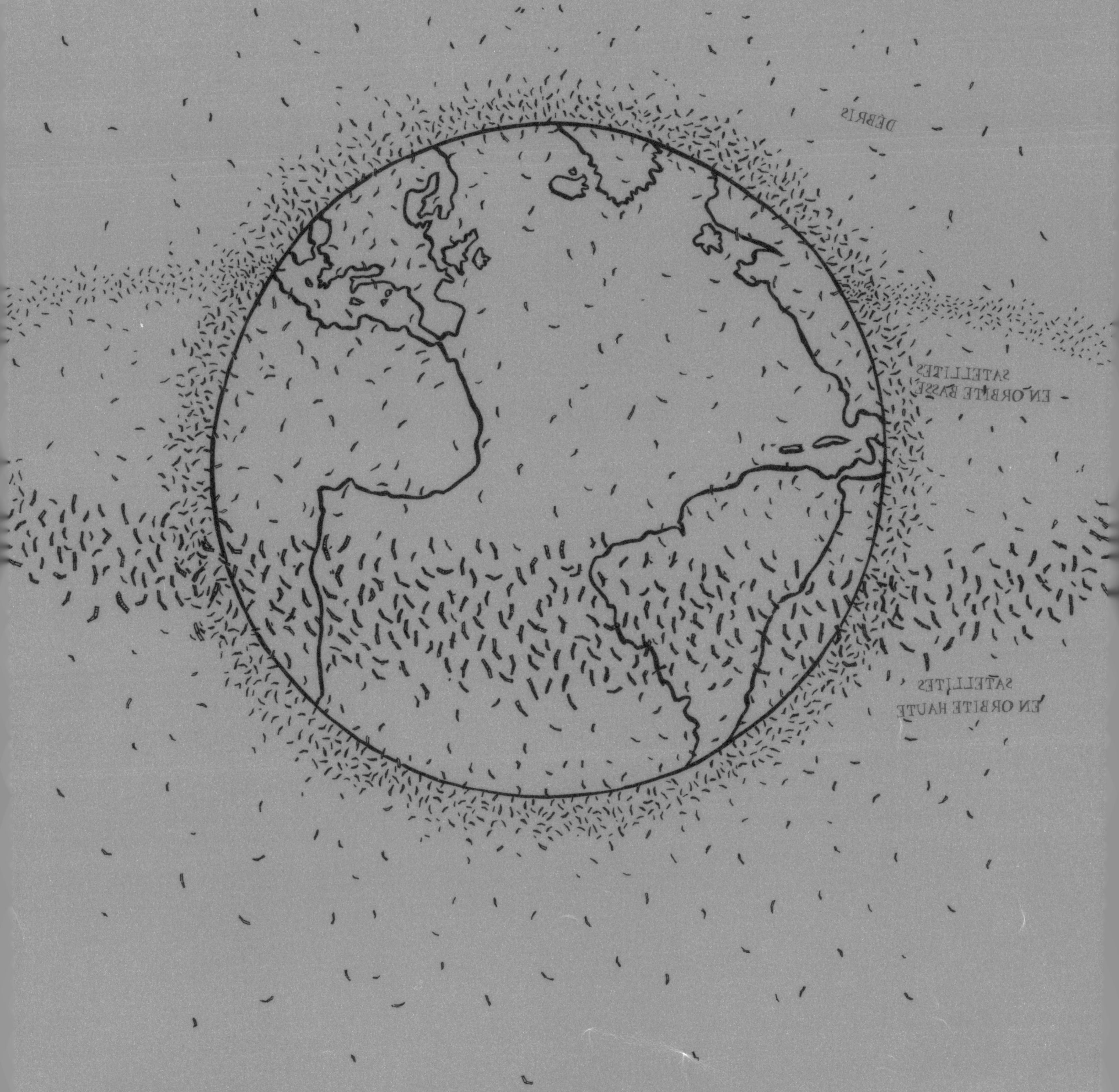
DÉBRIS
SATELLITES
EN ORBITE BASSE
SATELLITES
EN ORBITE HAUTE

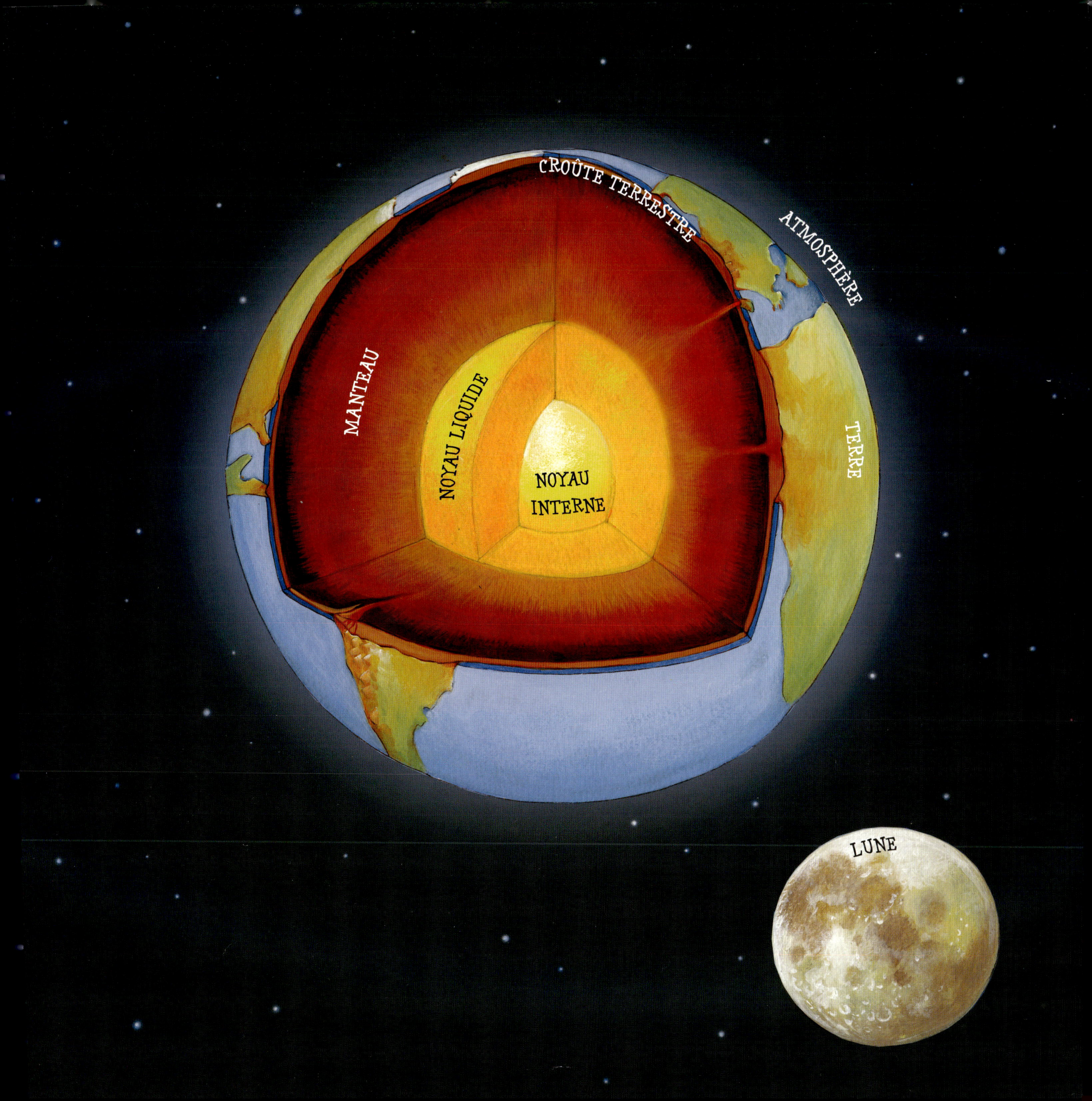
CROÛTE TERRESTRE
ATMOSPHÈRE
MANTEAU
NOYAU LIQUIDE
NOYAU INTERNE
TERRE
LUNE

Légendes :

- Neige, blizzard, il fait froid dans la toundra.
- Seuls les sapins supportent les étés froids et les hivers glaciaux de la taïga.
- La forêt tempérée est celle des 4 saisons.
- Le tapis vert de la prairie devient multicolore lors des floraisons printanières.
- La forêt méditerranéenne est le royaume de l'olivier.
- Grand soleil ou fortes pluies, la météo ne varie pas beaucoup dans la savane.
- Beaucoup de soleil, très peu de pluie, le désert est un milieu aride.
- Très arrosée, la forêt tropicale reste toujours verte.

VIVE LA BIODIVERSITÉ !

Grâce au Soleil et à l'atmosphère, notre planète bénéficie d'un climat agréable où plantes et animaux peuvent respirer, se nourrir et se reproduire. Ces plantes et ces animaux sont très différents d'un endroit à un autre car cela dépend de l'ensoleillement, de la pluviosité, de la présence des océans ou des déserts... Cette variété est une vraie richesse pour notre planète, on l'appelle la biodiversité.

Thon blanc
Sterne arctique
Fou de Bassan
Zibeline
Glouton
Phoque
Tétras
Bœufs musqués
Élan
Loup
Busard
Cheval de Przewalski
Faucon
Blaireau
Renard
Dauphin
Sanglier
Chevreuil
Âne
Lynx
Chameau
Serpent du désert
Yak
Ours à collier
Panda
Gerboise
Chèvre
Dromadaire
Crocodile
Gecko
Tigre
Sauterelle
Tapir
Hyène
Scorpion
Gorille
Girafe
Singe entelle
Termites
Éléphant
Oryx
Perroquet
Orang-outan
Lion
Raie manta
Sardines
Papillon
Autruche
Zèbre
Requin-tigre
Dingo
Chauve-souris
Lémurien
Moloch
Corail
Kangourou
Koala
Calmar colossal

LA LUNE, NOTRE VOISINE

Comme un satellite - qui signifie « garde du corps » en latin -, elle tourne inlassablement autour de la Terre. Trop petite pour faire partie de la famille des planètes, la Lune est pourtant une voisine indispensable : sans elle, la vie n'existerait pas sur Terre.

Tout en se déplaçant autour de la Terre, la Lune tourne légèrement sur elle-même et nous présente ainsi toujours la même face. Sur ce **côté visible**, on peut voir quelques cratères et d'immenses taches sombres que les astronomes ont longtemps prises pour des mers. On sait aujourd'hui que ces « mers » n'ont pas d'eau mais qu'elles sont formées par la lave solidifiée d'anciens volcans.

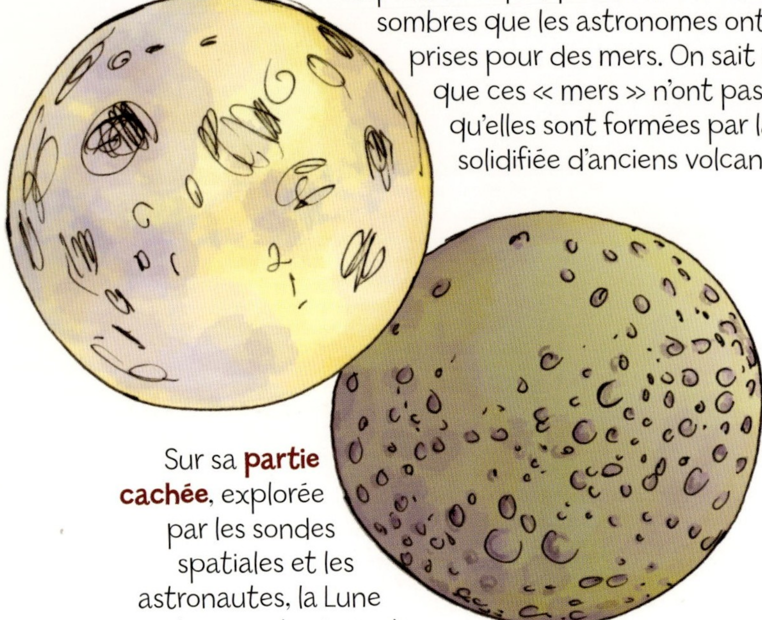

Les savants pensent que la Lune s'est formée lorsque la Terre, encore toute jeune, a heurté une autre planète. Des morceaux de roche arrachés lors du choc se seraient mélangés puis rassemblés pour lui donner naissance.

Sur sa **partie cachée**, explorée par les sondes spatiales et les astronautes, la Lune est couverte de vastes cratères. Comme ceux de la face visible, ils ont été créés par les morceaux d'astéroïdes qui se sont écrasés à sa surface.

Clair de lune des amoureux romantiques, pleine lune des contes et légendes ou amie des poètes, la Lune et sa lueur argentée ont toujours fasciné les hommes. Et sa **forme changeante**, toute ronde ou en forme de croissant, l'a rendue encore plus mystérieuse.

Inséparables, la Terre et la Lune s'attirent si fort que l'eau des océans se soulève. L'eau s'écarte alors des rivages puis revient à toute vitesse : c'est le **phénomène des marées**.

Située à peine à quatre jours de voyage, la Lune est notre plus proche **voisine**. Sa présence autour de notre planète empêche celle-ci de tourner trop vite ou de pencher trop fortement. Ainsi, les rayons du Soleil nous éclairent régulièrement et la vie a pu naître sur Terre. Merci la Lune !

DERNIER QUARTIER
PLEINE LUNE
NOUVELLE LUNE
PREMIER QUARTIER

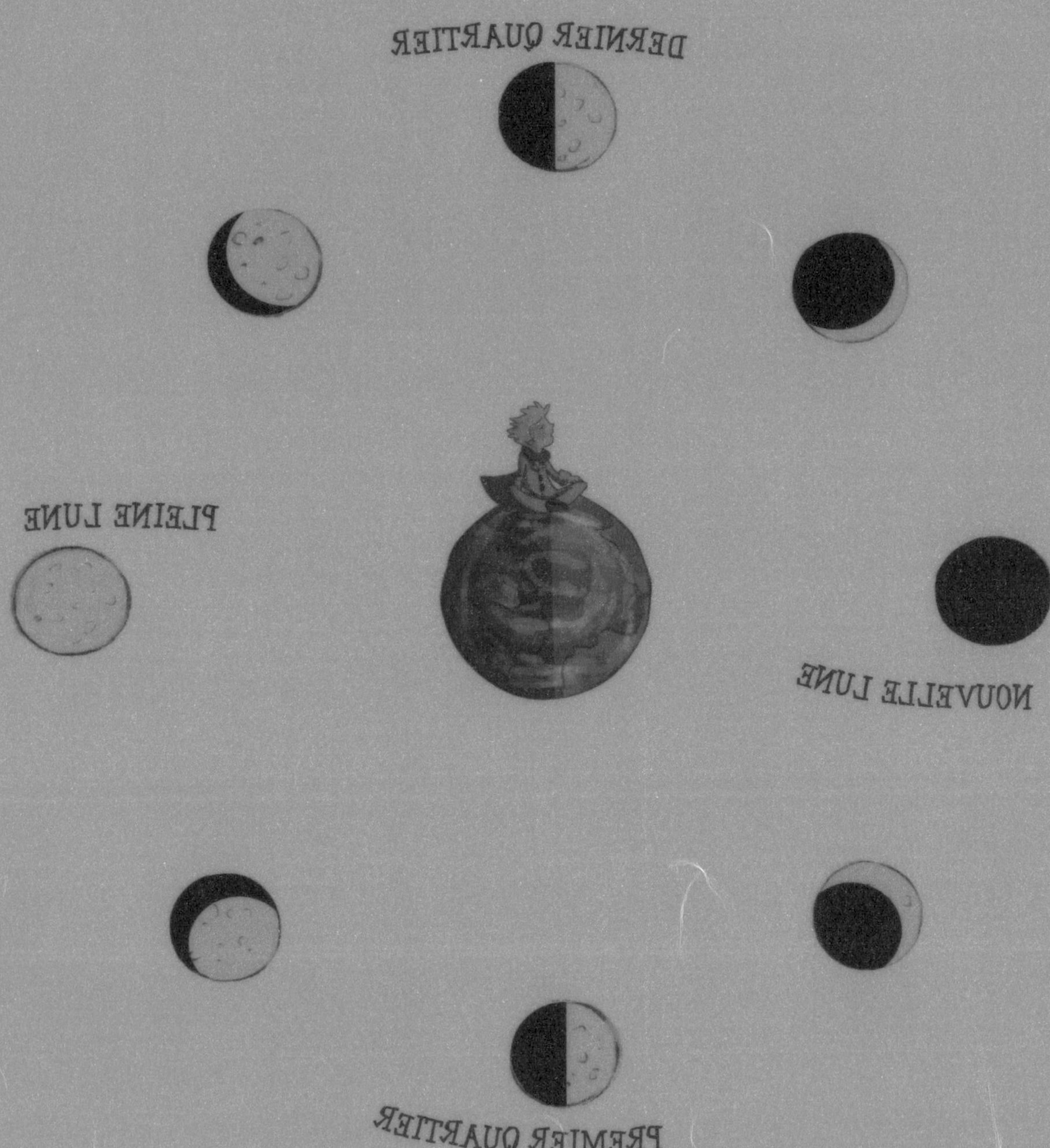
DERNIER QUARTIER
PLEINE LUNE
NOUVELLE LUNE
PREMIER QUARTIER

La Lune change de position par rapport au Soleil.
Ainsi, tu ne la vois pas toujours éclairée de la même façon
et tu as l'impression qu'elle change de forme. Le premier
cercle représente la Lune telle qu'elle est réellement
et le second, sur le calque, telle qu'un Terrien la voit.

L'HOMME A MARCHÉ SUR LA LUNE !

En 1959, les Russes sont les premiers à photographier la Lune puis à y poser une sonde spatiale, sept ans plus tard. Mais, le 21 juillet 1969, c'est un Américain qui marche sur la Lune pour la première fois, sous le regard ébahi de milliards de téléspectateurs.

Douze astronautes se sont rendus sur la Lune entre la première mission Apollo et la dernière, en 1972.

Ce robot mobile prélève des échantillons de roche pour les étudier.

Ici, pas de vent : les traces laissées par les astronautes ne disparaissent pas.

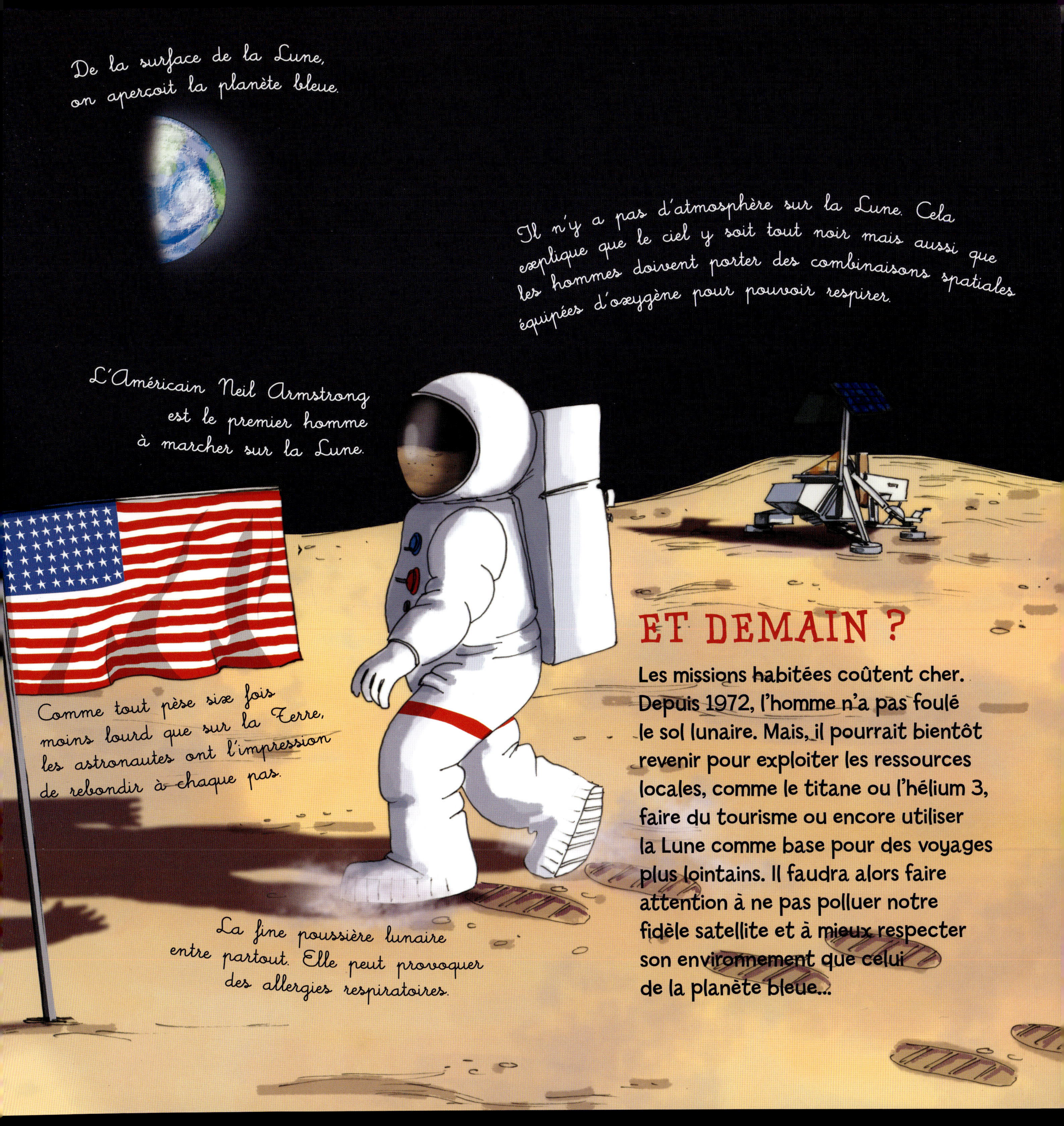

De la surface de la Lune,
on aperçoit la planète bleue.

Il n'y a pas d'atmosphère sur la Lune. Cela explique que le ciel y soit tout noir mais aussi que les hommes doivent porter des combinaisons spatiales équipées d'oxygène pour pouvoir respirer.

L'Américain Neil Armstrong est le premier homme à marcher sur la Lune.

Comme tout pèse six fois moins lourd que sur la Terre, les astronautes ont l'impression de rebondir à chaque pas.

La fine poussière lunaire entre partout. Elle peut provoquer des allergies respiratoires.

ET DEMAIN ?

Les missions habitées coûtent cher. Depuis 1972, l'homme n'a pas foulé le sol lunaire. Mais, il pourrait bientôt revenir pour exploiter les ressources locales, comme le titane ou l'hélium 3, faire du tourisme ou encore utiliser la Lune comme base pour des voyages plus lointains. Il faudra alors faire attention à ne pas polluer notre fidèle satellite et à mieux respecter son environnement que celui de la planète bleue…

L'HOMME EXPLORE L'ESPACE

L'homme a toujours été attiré par ces astres qui brillent au-dessus de sa tête. Il les a d'abord observés depuis la Terre puis il a pris le chemin des étoiles à bord de drôles de machines. Depuis, il envoie des robots, des hommes, et beaucoup de satellites pour continuer son exploration.

Il y a des milliers d'années, là où se trouve l'Irak aujourd'hui, des hommes construisent des tours pour se rapprocher des astres et mieux les observer. Au même moment, les Égyptiens alignent leurs pyramides sur les étoiles et cultivent la terre suivant les changements de la Lune. En Europe, des hommes élèvent d'énormes pierres disposées suivant la course du Soleil. C'est le début de l'étude des astres, une science nommée **astronomie.**

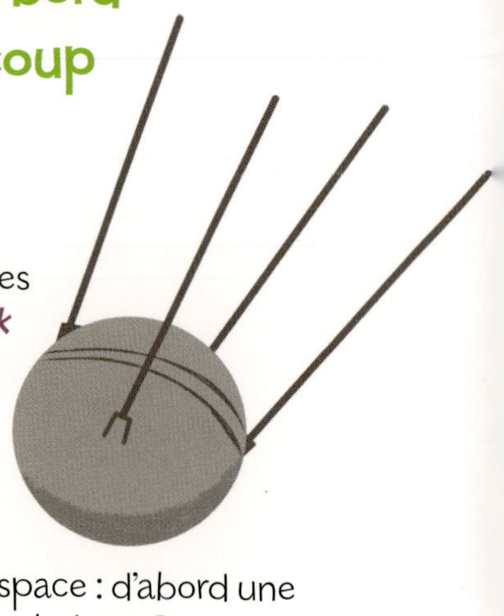

Le 4 octobre 1957, les Russes font décoller le satellite ***Spoutnik*** à bord d'une fusée. Arrivé dans l'espace, son bip-bip prévient les hommes : la conquête spatiale est lancée ! Les premiers êtres vivants sont alors envoyés dans l'espace : d'abord une chienne, Laïka, puis le cosmonaute Iouri Gagarine.

Aujourd'hui, l'homme continue de lancer des machines dans l'espace. Pour explorer les planètes inhospitalières (brûlantes, glacées, à l'atmosphère irrespirable) ou trop éloignées, il utilise des **sondes**. Comme ces robots qui roulent actuellement à la surface de Mars.

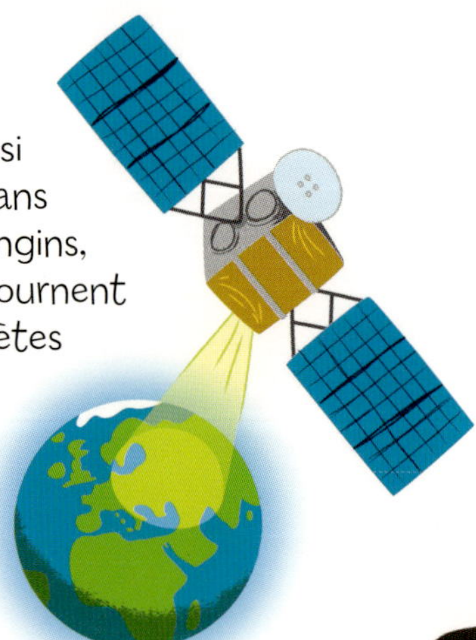

L'homme a aussi des « yeux » dans l'espace. Ces engins, appelés **satellites**, tournent autour des planètes pour les observer en détail. Grâce aux images qu'ils envoient, nous pouvons, par exemple, étudier la Terre pour mieux la comprendre. Les satellites servent aussi d'antennes pour transmettre les images des téléviseurs.

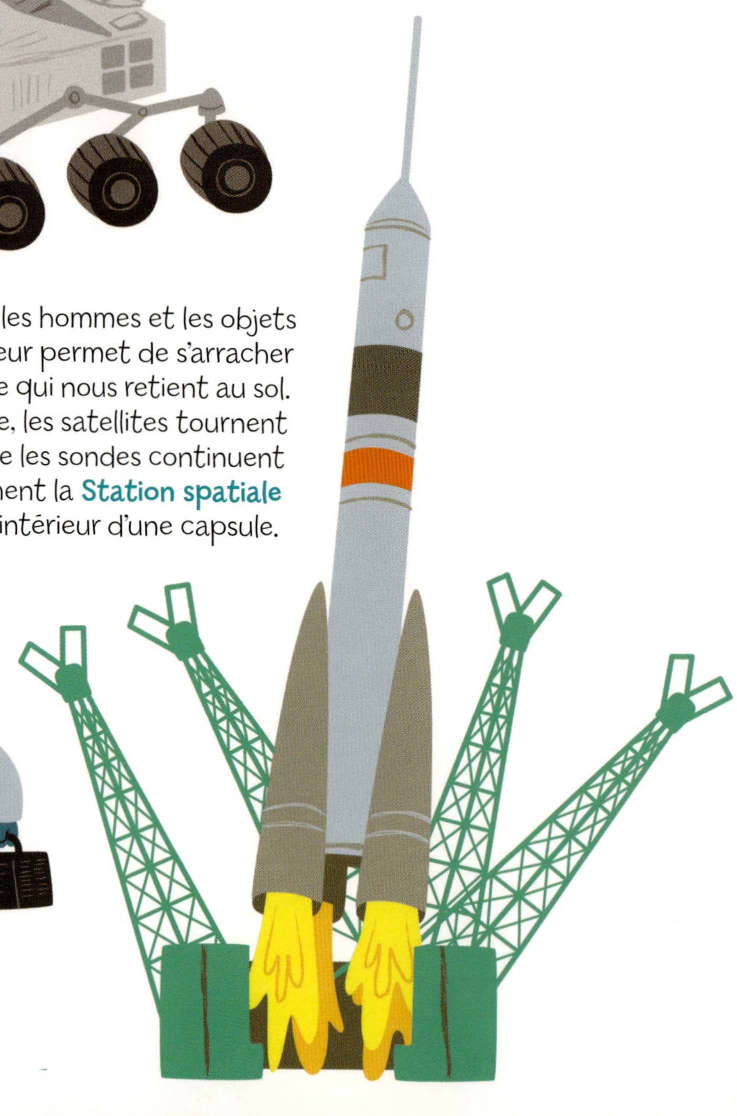

Les fusées propulsent les hommes et les objets dans l'espace car leur puissance leur permet de s'arracher à l'attraction terrestre, cette force qui nous retient au sol. Une fois arrivés à la bonne altitude, les satellites tournent inlassablement tandis que les sondes continuent leur voyage, et les hommes rejoignent la **Station spatiale internationale** à l'intérieur d'une capsule.

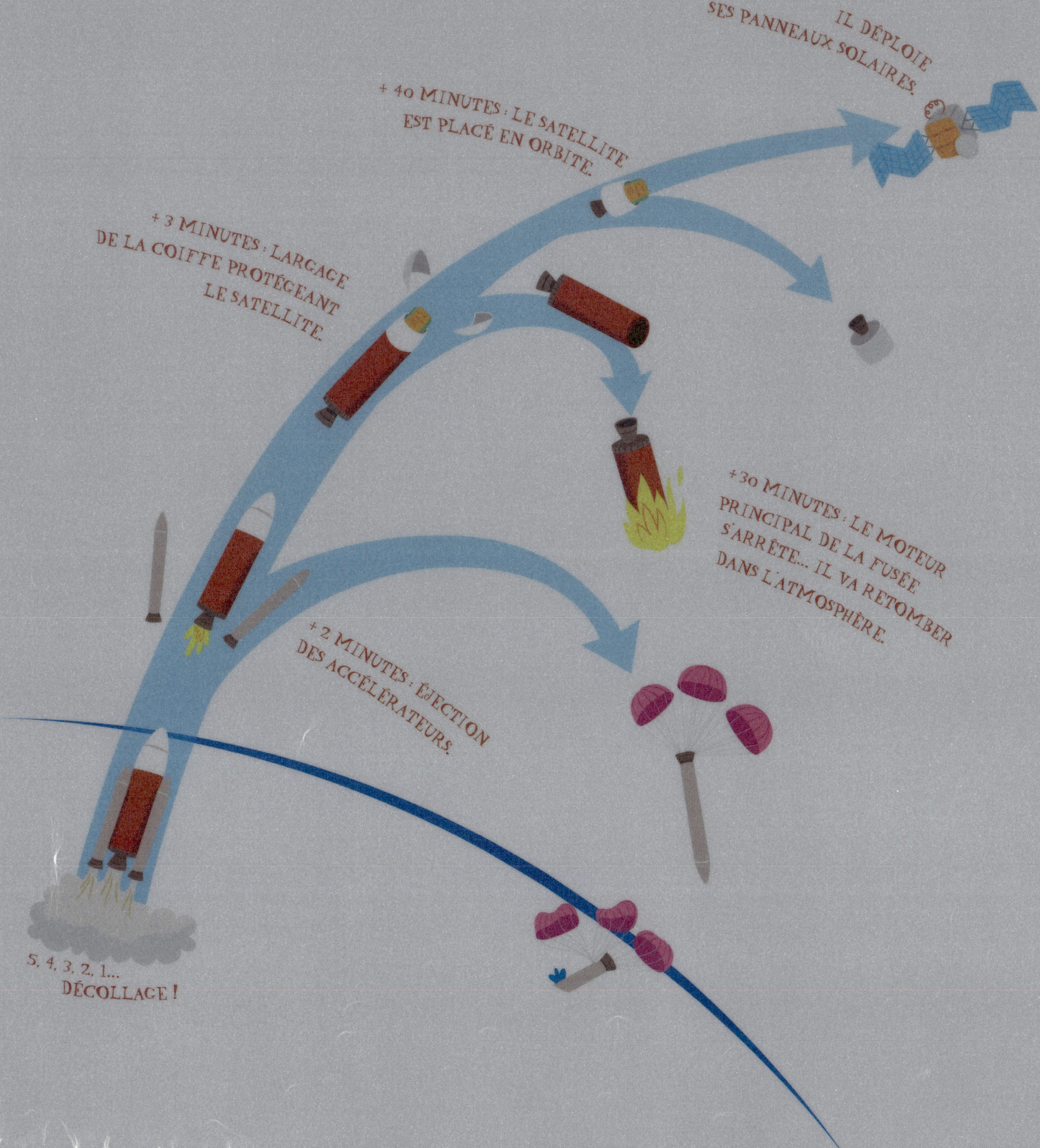
IL DÉPLOIE SES PANNEAUX SOLAIRES.
+ 40 MINUTES : LE SATELLITE EST PLACÉ EN ORBITE.
+ 3 MINUTES : LARGAGE DE LA COIFFE PROTÉGEANT LE SATELLITE.
+30 MINUTES : LE MOTEUR PRINCIPAL DE LA FUSÉE S'ARRÊTE... IL VA RETOMBER DANS L'ATMOSPHÈRE.
+ 2 MINUTES : ÉJECTION DES ACCÉLÉRATEURS.
5, 4, 3, 2, 1... DÉCOLLAGE !

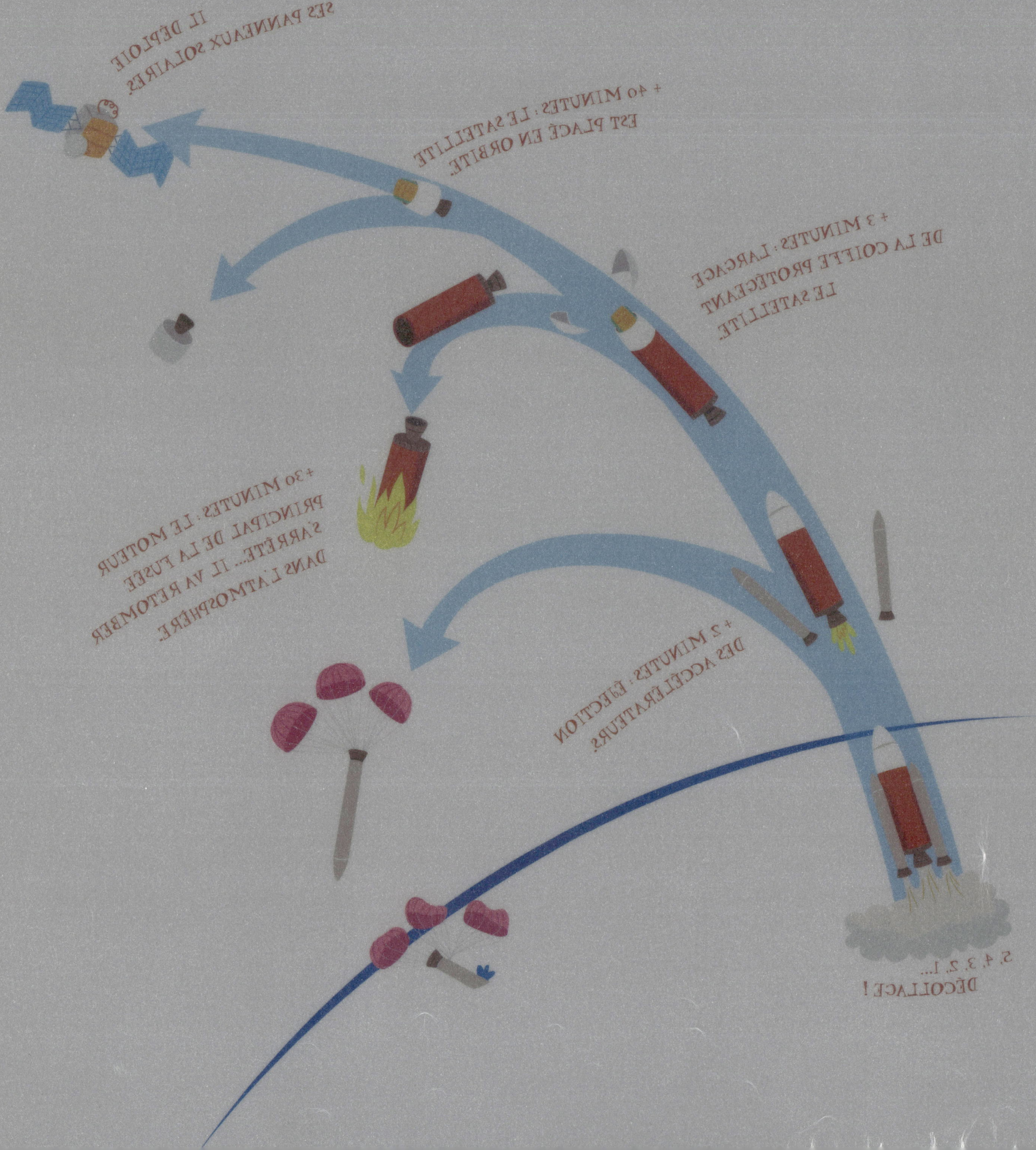

GUYANE
KOUROU
OCÉAN
ATLANTIQUE
AMÉRIQUE
DU SUD

UNE MAISON DANS L'ESPACE

Pour rester dans l'espace et pouvoir y faire des expériences, l'homme a inventé la Station spatiale internationale. Emmenés par une capsule, des spationautes spécialement entraînés et venus du monde entier séjournent régulièrement dans cette maison très particulière...

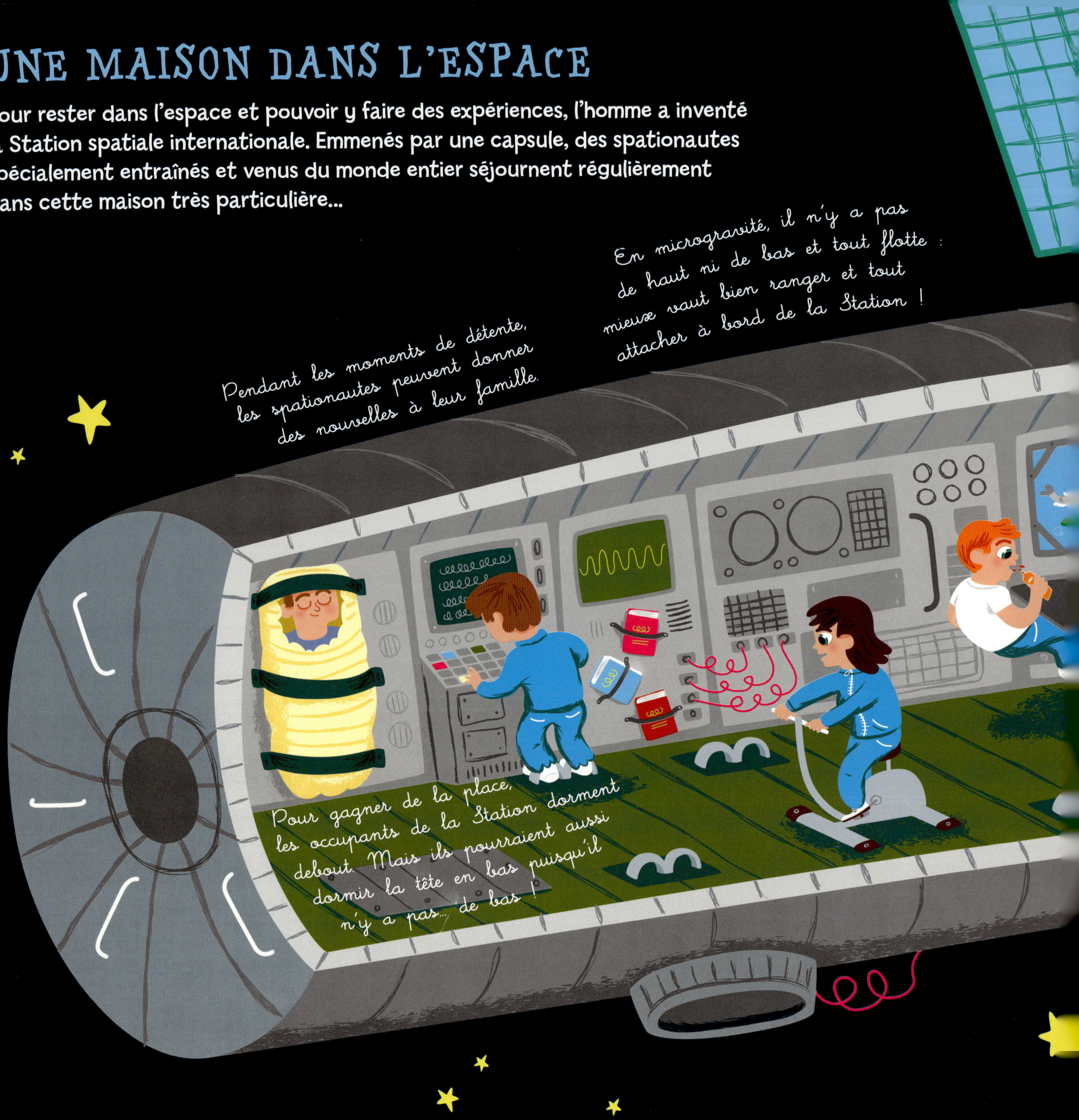

En microgravité, il n'y a pas de haut ni de bas et tout flotte : mieux vaut bien ranger et tout attacher à bord de la Station !

Pendant les moments de détente, les spationautes peuvent donner des nouvelles à leur famille.

Pour gagner de la place, les occupants de la Station dorment debout. Mais ils pourraient aussi dormir la tête en bas puisqu'il n'y a pas... de bas !

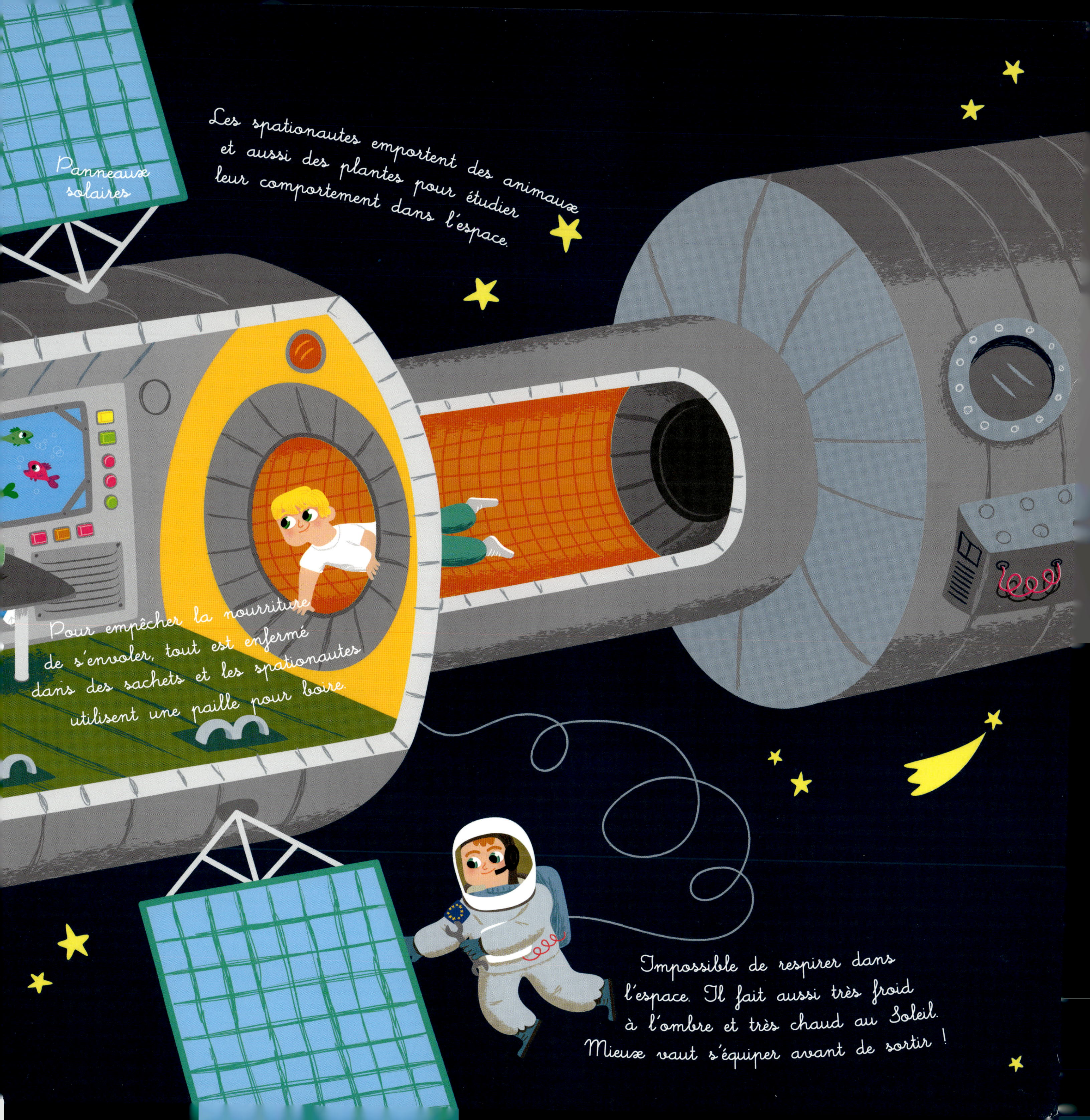

Les spationautes emportent des animaux et aussi des plantes pour étudier leur comportement dans l'espace.

Pour empêcher la nourriture de s'envoler, tout est enfermé dans des sachets et les spationautes utilisent une paille pour boire.

Impossible de respirer dans l'espace. Il fait aussi très froid à l'ombre et très chaud au Soleil. Mieux vaut s'équiper avant de sortir !

Les étoiles sont illustrées par Séverine Laurent.

L'Univers est illustré par Fanny Dallé-Aste.

Le Soleil est illustré par Mayana Itoiz.